Kochen *ohne* Laktose, Weizen und Gluten

NICOLA GRAIMES

p

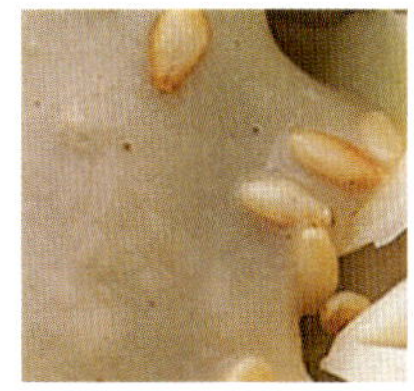

Entwurf und Realisation: The Bridgewater Book Company Ltd.
Nährwertangaben: *Charlotte Watts*
Fotos: *Clive Bozzard-Hill*
Ökotrophologin: *Philippa Vanstone*
Food-Stylist: *Angela Macfarlane*

Der Verlag dankt folgenden Firmen für Leihgaben: *Dartington Crystal, Marlux Mills, Maxwell & Williams, Lifestyle Collections, Viners & Oneida* und *John Lewis.*

Queen Street House
4 Queen Street
Bath BA1 1HE, UK

Übersetzung aus dem Englischen: Melanie Schirdewahn, Köln
Satz und Projektmanagement: Regine Ermert, Köln
Koordination: trans texas Publishing Services GmbH, Köln

ISBN 10: 1-40547-855-1
ISBN 13: 978-1-40547-855-7

Printed in China

HINWEISE FÜR DEN LESER

Bei Kartoffeln und Gemüse kaufen Sie bitte mittelgroße Exemplare. Mit Pfeffer ist schwarzer Pfeffer, frisch in der Mühle gemahlen, gemeint.

In manchen Rezepten wird Brühe verwendet. Brühwürfel oder gekörnte Brühe können sehr salzhaltig sein, salzen Sie daher nicht mehr nach. Wenn Sie Brühe selbst herstellen, achten Sie auf einen minimalen Fett- und Salzgehalt. Dünsten Sie das Gemüse nie vor dem Kochen der Brühe, sondern garen Sie sowohl Gemüse, Kräuter, Fleisch, Geflügel oder Fisch in Wasser und seihen dann ab. Fleisch- und Geflügelbrühe sollte abgekühlt zunächst in den Kühlschrank gestellt werden, damit sich das Fett absetzt, fest wird und einfach abgeschöpft werden kann. So wird der Gehalt an gesättigtem Fett reduziert. Selbstgemachte Brühe sollte im Kühlschrank aufbewahrt innerhalb von zwei Tagen verzehrt werden oder aber mit Datum versehen in handlichen Portionen eingefroren werden.

Sie sollten den Backofen immer auf die angegebene Temperatur vorheizen. Bei einem Umluftherd lesen Sie bitte vor der Einstellung von Temperatur und Zeit die Gebrauchsanweisung.

Die Nährwertangaben beziehen sich auf jeweils eine Portion oder aber eine Scheibe (zum Beispiel bei Brot). Die Zutaten für den Serviervorschlag sind nicht inbegriffen. Bei einer großen Anzahl von Portionen zeigen die Angaben einen Mittelwert an. Kalorien werden in kcal (Kilokalorien) angegeben. Der Kohlenhydratwert beinhaltet sowohl Stärke als auch Zucker, wobei der Zuckerwert noch einmal separat aufgeführt ist. Der Fettwert bezeichnet ebenfalls den gesamten Fettinhalt, wobei der Anteil an gesättigtem Fett separat aufgeführt ist.

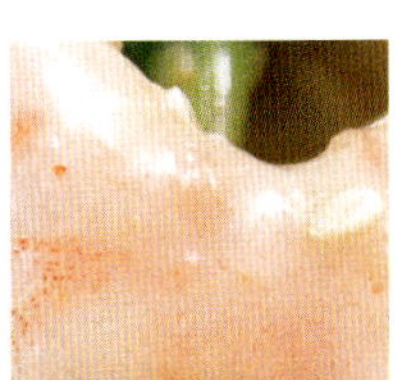
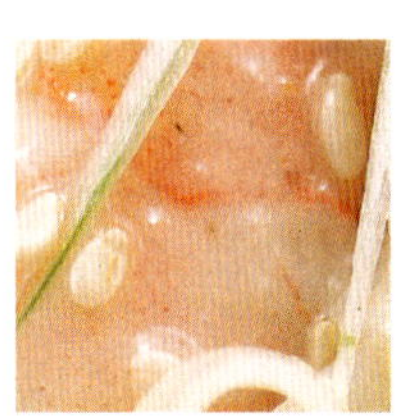

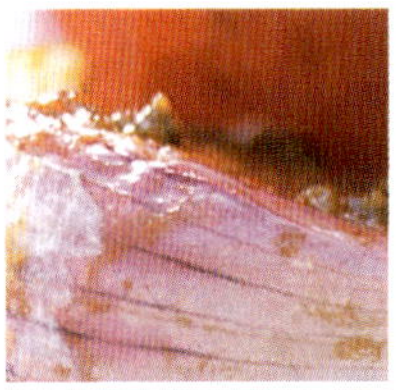
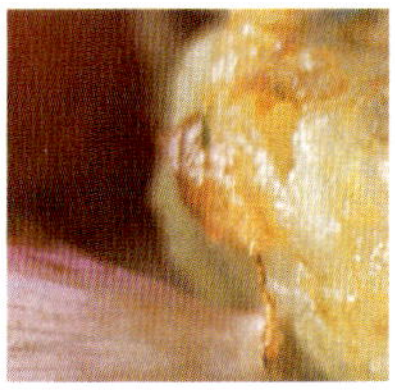

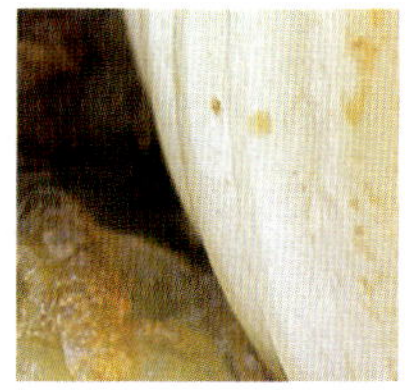
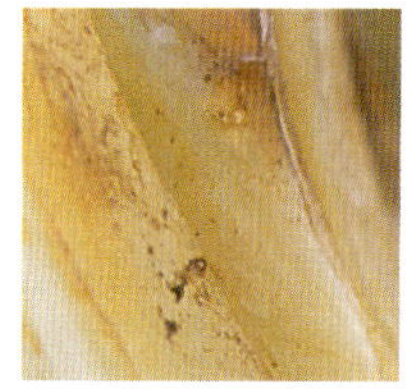

Inhalt

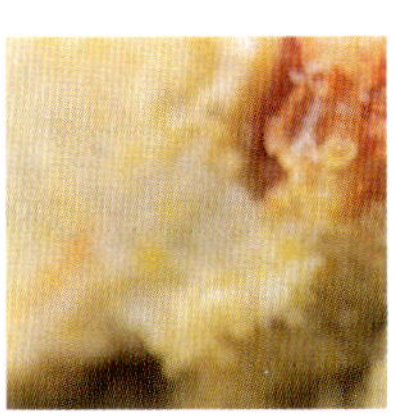

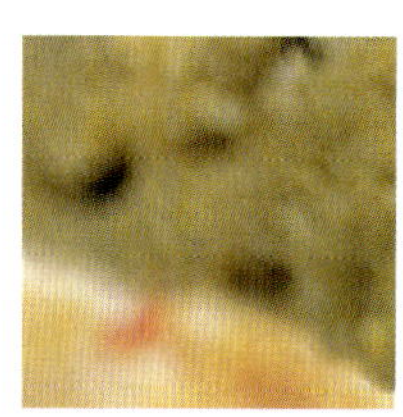
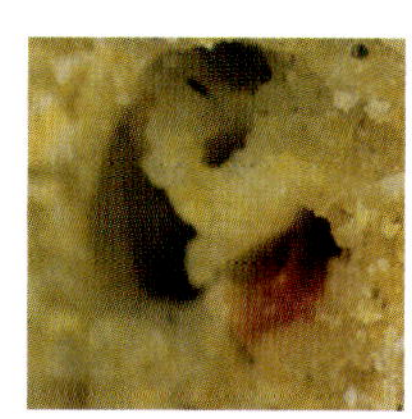

Einleitung

Ein Neubeginn

Ungefähr jeder dritte Deutsche leidet unter einer Allergie. Häufig werden diese Allergien von Lebensmitteln ausgelöst, die einen Gutteil unserer traditionellen Ernährung ausmachen: von Getreide und Milchprodukten. Wer auf beides verzichten muss, dem blieb bis vor kurzem nur eine nährstoffarme, unattraktive und komplizierte Kost. Heute erkennen Mediziner jedoch den Wert einer gluten-, weizen- und milchfreien Ernährung an, außerdem können Allergiker dank der immer größeren Vielfalt erhältlicher Zutaten ihre Speisen einfacher und ausgewogener gestalten. Eine Lebensmittelallergie oder -unverträglichkeit bedeutet nicht automatisch das Ende des Ess- und Kochvergnügens, eher die Chance für einen spannenden Neubeginn.

Allergie oder Unverträglichkeit?

Eine Lebensmittelallergie tritt auf, wenn das Immunsystem eine eigentlich harmlose Substanz als Fremdkörper betrachtet und Antikörper dagegen bildet. Allergien werden häufig vererbt und können in jedem Alter ausbrechen. Die Symptome sind vielfältig: von laufender Nase und Kopfschmerzen bis hin zu lebensgefährlichen, z. B. durch Nüsse ausgelösten Allergieschocks.

Im Falle, dass Sie trotz eines negativen Allergiebefunds auf bestimmte Lebensmittel empfindlich reagieren, leiden Sie wahrscheinlich an einer so genannten Unverträglichkeit. Die Ursache dafür ist nicht selten schlicht ein Verdauungsproblem.

Was ist eine Glutenallergie oder -unverträglichkeit?

Gluten ist ein in vielen Getreidesorten, z. B. in Weizen, Gerste, Roggen, Grünkern, Dinkel, Kamut und Hafer, enthaltenes Protein (Klebereiweiß), das eine heftige körperliche Reaktion bei dafür empfänglichen Menschen auslösen kann. Man spricht dann von Zöliakie (auch Sprue genannt), einer chronischen Entzündung des Dünndarmtrakts, die gekennzeichnet ist durch abgeflachte oder sogar ganz verschwundene Darmzotten. Mit den Darmzotten werden der Nahrung die Nährstoffe entzogen und ins Blut weitergegeben. Bei Zöliakie-Kranken zerstört Gluten diese Zotten, was zu Mangelerscheinungen und Gewichtsverlust führen kann.

Das früher eher seltene Leiden, von dem vor allem Kinder betroffen waren, wird nun vermehrt bei Menschen jeden Alters diagnostiziert. Dies liegt daran, dass die oft vererbte, angeborene Krankheit erst beim Erwachsenen entdeckt wird. In Deutschland leidet der Deutschen Zöliakie-Gesellschaft zufolge einer von 1000 Menschen an dieser unheilbaren Erkrankung, die Dunkelziffer jedoch liegt weitaus höher.

Was sind die Symptome?

Die Symptome von Zöliakie sind ausgesprochen vielfältig und reichen von nur leichten Reaktionen bis zur regelrechten chronischen Erkrankung. Das macht die Diagnose oft schwierig. Die häufigsten Anzeichen sind eine schlechte Nahrungsverwertung, insbesondere von Eisen und Folaten, Gewichtsverlust, Abszesse im Mund, Übelkeit, Abgeschlagenheit, Durchfall, Blähungen und Unterleibsschmerzen. Bei Kindern tritt die Krankheit meist erst nach dem Abstillen in Erscheinung, wenn sie beginnen, glutenhaltige Nahrung zu sich zu nehmen. Es kommt dann zu faulig riechendem blassen Stuhl, Lethargie, Erbrechen, Durchfall, Gereiztheit und Wachstumsstörungen.

Wie wird Zöliakie diagnostiziert?

Bei Verdacht auf Zöliakie können mittels eines Bluttests Antikörper und Vitamin- oder Mineralstoffmängel festgestellt werden. Da dieser Test jedoch nur zu 95 Prozent sicher ist, muss das Ergebnis durch eine Dünndarmbiopsie bestätigt werden. Bei diesem meist in einer Klinik vorgenommenen Eingriff werden mit einem Endoskop kleine Gewebeproben aus der Dünndarmwand entnommen. Um exakte Ergebnisse zu erzielen, sollten Sie sich vor Bluttest und Biopsie sechs Wochen ganz normal ernähren, also auch mit glutenhaltiger Kost.

Was kann man tun?

Bei Zöliakie kann nur eine lebenslange glutenfreie Ernährung (zuweilen mit Vitamin- und Mineralstoffergänzungen) ein beschwerdefreies, gesundes Leben gewährleisten. Je früher Betroffene von ihrer Erkrankung erfahren, desto eher können sie ihre Ernährung umstellen und somit die Schäden, die das Gluten im Dünndarm anrichtet, gering halten oder gar verhindern. Neuerdings wird vermutet, dass Hafer kein Gluten enthält und daher für Zöliakie-Patienten geeignet ist. Da derzeit in Deutschland jedoch keine Haferprodukte erhältlich sind, die frei von Beimischungen anderer Getreideproteine sind, wird dringend von ihrem Verzehr abgeraten.

Es gibt zwei Arten von glutenhaltigen Lebensmitteln: zunächst die offensichtlichen, wie Brot, Nudeln, Kuchen und Gebäck. Gluten kann jedoch auch versteckt in Fertigprodukten vorkommen, wie z. B. Weizenmehl als Binde- oder Füllmittel in Fertigsuppen. Achten Sie auf Lebensmittel, die die Kennzeichnung „glutenfrei" oder das Symbol einer durchgestrichenen Ähre tragen. Sie sind für Zöliakie-Kranke geeignet.

Was ist eine Weizenallergie?

Weizen, eines unserer Hauptnahrungsmittel, ist gleichzeitig ein häufiges Allergen. Die Symptome sind vielfältig und variieren zwischen juckenden, gereizten Augen, laufender Nase, Nasennebenhöhlenentzündung oder Niesen, Schmerzen oder Klingeln in den Ohren, Kopfschmerzen, Migräne oder Schwindel, Halsschmerzen, Mundgeruch, Husten oder Ekzemen in der Mundhöhle, Hautausschlag, Akne, Ekzemen oder unerklärlichen blauen Flecken, Magenkrämpfen, Blähungen, Übelkeit und Verstopfung sowie Angst, Depressionen, Konzentrationsschwächen oder aggressivem Verhalten. Menschen mit Weizenallergie können andere Getreidearten oft vertragen, auch glutenhaltige wie Roggen, Gerste und Hafer.

Fertigprodukte ohne Gluten und Weizen

Sogar manche Supermärkte haben mittlerweile eine Palette von gluten- und weizenfreien Nahrungsmitteln im Angebot – Mehle, Gebäck, Nudeln, Kuchen, Brote, Knäckebrot und Frühstückszerealien. Reformhäuser, Bio-Supermärkte oder das Internet sind ohnehin gute Einkaufsadressen.

Bei der Verwendung von glutenfreiem Mehl sollten Sie die Packungsanweisung genau beachten, da diese Mehle anders zu handhaben sind als Weizenmehl.

Vorsicht, denn …

Weizen- oder Glutenanteile sind auf den Verpackungen nicht immer eindeutig zu erkennen. Bei den folgenden Zutaten empfiehlt es sich, beim Hersteller nachzufragen: modifizierte Stärke, Vollkorn, Stärke, Getreide, Getreideprotein, Maisstärke, Speisestärke, Bindemittel, Dickungsmittel, pflanzliches Eiweiß, Zwieback und Natriumglutamat.

Meiden Sie …

Weizenkörner, Weizenkleie, Weizenmehl, Bulgur, Hartweizengrieß, Couscous, Grieß, Seitan, Weizenkeime, Vollkornweizenmehl und -brot, Weizenschrot, Perlgraupen, Gerstenflocken, Graupen, Gerstenschrot, Roggen in jeder Form, Hafer, Hafermehl, Haferkeime, Haferschrot, Haferkleie, Dinkel, Tritikale und Kamut.

Rechnen Sie damit, dass …

folgende Lebensmittel Gluten enthalten können: Backpulver, Instant-Saucen, Gewürze, fertig gemahlener Pfeffer, Senf, Brühwürfel und gekörnte Brühe, Salatdressings, Sojasauce (Tamari ist weizenfrei), Würstchen, Burger, Quiches, Fertiggerichte, Pasteten, Paniertes (Fisch oder Fleisch), Malzessig, Joghurt, Puddings, Schmierkäse, Cornflakes, Bier, malzhaltige Getränke und fettfrei geröstete Nüsse.

Alternativen zu Milchprodukten

In Reformhäusern oder Bio-Supermärkten kann man eine Vielzahl pflanzlicher Alternativprodukte finden.

• Soja

Der aus gemahlenen Sojabohnen hergestellte Sojadrink (auch Sojamilch genannt) ist ein guter Ersatz für Kuhmilch. Sojadrinks gibt es frisch im Kühlregal oder haltbar im Tetrapack, und zwar gesüßt oder ungesüßt, mit Kalzium und Vitaminen angereichert oder mit Kakao, Banane oder Erdbeere aromatisiert. Aus Sojamilch werden zudem Sahne, Käse, Eiscreme, Pudding und Joghurt hergestellt. Sojakäse wird aus einer Mischung aus verarbeiteten Sojabohnen und Pflanzenölen produziert und oft mit Kräutern und Gewürzen verfeinert. Auch Parmesan, Gouda und Doppelrahmfrischkäse sind als Sojavarianten im Handel erhältlich.

Tofu wird ebenfalls aus Sojabohnen hergestellt. Er hat kaum Eigengeschmack, nimmt jedoch andere Aromen bereitwillig an. Fester Tofu wird in Blöcken verkauft und auch geräuchert, mariniert oder frittiert angeboten – in letzterem Fall ist er fast ohne Eigengeschmack, hat aber eine besonders interessante Struktur und übernimmt gut andere Aromen. Tofu kann mariniert, gebacken, geschmort oder gebraten werden. So genann-

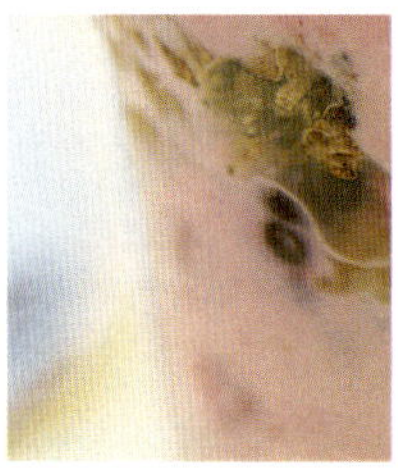

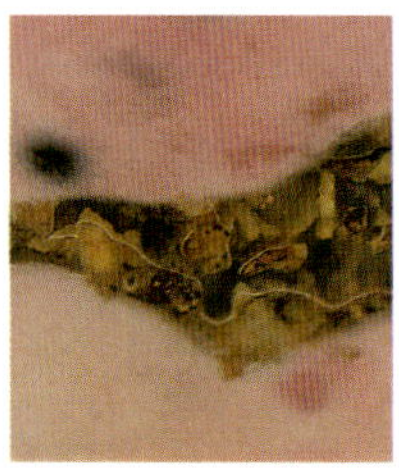

Vorsicht, denn …

Milchbestandteile sind auf den Verpackungen nicht immer klar ausgewiesen. Bei den folgenden Zutaten empfiehlt es sich, beim Hersteller nachzufragen: Kasein, Kaseinat, Albumin (kann aus Eiern stammen), Milchsäure (E 270), Laktose, Molke, fettfreie Milchtrockenmasse, Lacalbumin, Magermilchpulver, Lactoglobulin und Natriumglutamat.

Meiden Sie …

Kuh-, Ziegen- und Schafsmilch, Butter, saure Sahne, Buttermilch, Dickmilch, Sahne, Frischkäse, Quark, Joghurt, Crème fraîche und Eiscreme.

Rechnen Sie damit, dass …

folgende Produkte Milch enthalten können: Fertiggerichte und Desserts aller Art, Pizzaböden, Würstchen, Quiches, Burger, Saucen, Suppen, Ghee (geklärte Butter) in indischen Gerichten, Wein, Margarine, Brühwürfel oder gekörnte Brühe, Plätzchen, Kuchen, Pasteten, Dips und Schokolade.

ter Seidentofu hat eine weichere Konsistenz und dient als Sahne- oder Milchersatz in Desserts, Saucen, Dressings und Suppen. Sojaprodukte sind reich an Kalzium, Eisen, Magnesium, Phosphor und Vitamin E.

• Reis

Der Reisdrink hat keine so „mehlige" Konsistenz wie der Sojadrink und wird gesüßt, ungesüßt oder mit Kalzium versetzt angeboten. Er ist leicht verdaulich und löst nur äußerst selten Allergien aus.

• Nüsse

Gemahlene Mandeln oder Cashewnüsse werden mit Wasser zu einem milden Getränk verarbeitet, das man leicht auch selbst herstellen kann, indem man Nüsse zu einem feinen Pulver zermahlt und gut mit Wasser verrührt. Mit etwas Bananenpüree entsteht daraus ein leckerer Smoothie.

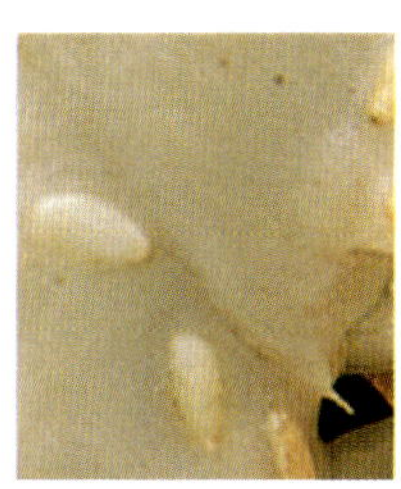

Frühstück & Brunch

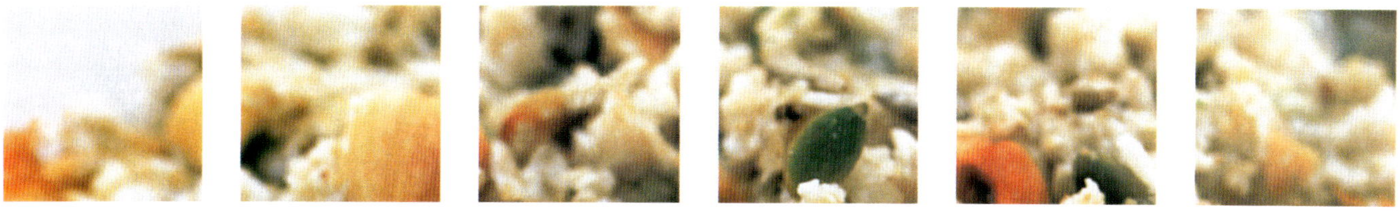

Zahlreiche Studien haben gezeigt, dass das Frühstück für einen guten Start in den Tag besonders wichtig ist, da es den Organismus mit Nährstoffen und Energie versorgt. Auch wer gluten-, weizen- und milchhaltige Produkte nicht verträgt, muss keineswegs auf ein leckeres Frühstück verzichten: Ein gesunden Apfel-Dattel-Müsli, das man schon im Voraus zubereiten kann, ein cremiger Mandel-Bananen-Smoothie, wenn die Zeit knapp ist, oder ein opulenter Brunch für ein Genießer-Wochenende werden Sie davon überzeugen.

Für 4 Personen

Beeren-Knusper-Joghurt

Zutaten

- 75 g Reis-, Buchweizen oder Hirseflocken, oder entsprechende Mischung
- 4 EL klarer Honig
- 500 g Soja-Naturjoghurt oder anderer pflanzlicher Naturjoghurt
- fein abgeriebene Schale von 1 Orange
- 225 g gefrorene gemischte Beeren, teilweise aufgetaut, plus ein paar mehr zum Dekorieren

Nährwertangaben

Kaufen Sie Joghurt mit probiotischen Milchsäurebakterien wie* Acidophilus *und* Bifidus. *Sie sind gut für den Darm und helfen bei Lebensmittelunverträglichkeiten.

Pro Portion

- *Kilokalorien 198*
- *Eiweiß 6 g*
- *Kohlenhydrate 39 g*
- *Zucker 22 g*
- *Fett 3,5 g*
- *davon gesättigt 0,5 g*

1 Eine Pfanne bei mittlerer Hitze erwärmen und die Flocken darin 1 Minute rösten, dabei die Pfanne schütteln. Die Hälfte des Honigs zufügen und die Flocken damit überziehen. Unter Rühren weiterbraten, bis die Flocken goldbraun und leicht knusprig sind.

2 Den Joghurt in einer Schüssel mit dem restlichen Honig und der Orangenschale verrühren. Die Beeren vorsichtig unterheben, ein paar zum Dekorieren zurückbehalten. 10–15 Minuten ruhen lassen, bis die Früchte zu wässern beginnen, dann wieder rühren, bis eine leichte Färbung entsteht.

3 Zum Servieren eine Schicht Flocken auf 4 Gläser verteilen, darauf eine Schicht Beerenjoghurt geben und dies noch einmal wiederholen. Mit den zurückbehaltenen Beeren dekorieren.

Für 4 Personen

Buchweizenpfannkuchen mit Sirup-Bananen

Zutaten

- 50 g Buchweizenmehl
- 50 g glutenfreies Mehl
- 1 Prise Salz
- 1 großes Ei, leicht verquirlt
- 125 ml pflanzliche Milch
- 125 ml Wasser
- 40 g milchfreie Margarine

Für die Sirup-Bananen

- 40 g milchfreie Margarine
- 2 EL Ahornsirup
- 2 Bananen, schräg in Scheiben geschnitten

1 Beide Mehlsorten mit dem Salz in einer Rührschüssel mischen. In die Mitte eine Mulde drücken und Ei, Milch und Wasser hineingeben. Alles mit einem Schneebesen vorsichtig verrühren, dann kräftig schlagen, bis ein glatter Teig entsteht.

2 25 g Margarine in einem kleinen Topf zerlassen und unter den Teig rühren. Diesen abdecken und 30 Minuten im Kühlschrank ruhen lassen.

3 Die restliche Margarine in einer mittelgroßen Pfanne erhitzen. Wenn die Pfanne heiß ist, genügend Teig für einen dünnen Pfannkuchen hineingeben. Die Pfanne dabei schwenken, um den Teig gleichmäßig zu verteilen.

4 Sobald die Unterseite leicht angebräunt ist, mit einem Pfannenwender wenden und von der anderen Seite backen. Auf einen angewärmten Teller gleiten lassen und mit Alufolie abdecken, bis alle Pfannkuchen gebacken sind. Bei Bedarf mehr Margarine zufügen.

5 Für die Sirup-Bananen die Pfanne auswischen, Margarine hineingeben und zerlassen. Den Ahornsirup einrühren, dann die Bananen zufügen und 2–3 Minuten braten, bis sie weich sind und die Sauce eingekocht und karamellisiert ist. Zum Servieren die Pfannkuchen jeweils zweimal einschlagen, bis ein Viertel entsteht, und mit den Bananen belegen.

Nährwertangaben

Obwohl pflanzlich, liefert Buchweizen ein vollständiges Protein mit allen essenziellen Aminosäuren. Er kann auch den Cholesterinspiegel senken.

Pro Portion

- *Kilokalorien 339*
- *Eiweiß 5,5 g*
- *Kohlenhydrate 40 g*
- *Zucker 13,5 g*
- *Fett 19 g*
- *davon gesättigt 3,75 g*

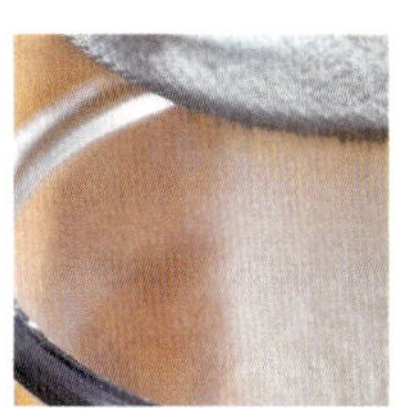

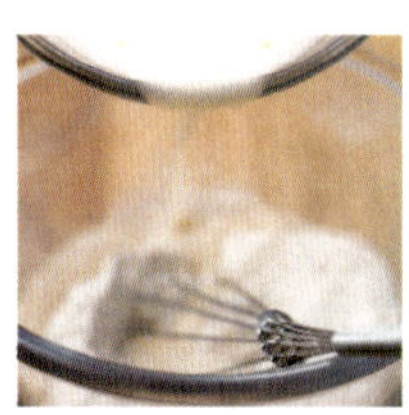

Für 4 Personen

Würzige Karotten-Linsen-Suppe

Zutaten

- 2 EL natives Olivenöl extra
- 1 große Zwiebel, gehackt
- 1 Selleriestange, gehackt
- 1 Kartoffel, in Würfeln
- 6 Karotten, in Scheiben
- 1 TL Paprikapulver edelsüß
- 2 TL gemahlener Kreuzkümmel
- 1 TL gemahlener Koriander
- 1/2 TL Chilipulver (nach Belieben)
- 175 g rote Spaltlinsen
- 1,2 l Gemüse- oder Hühnerbrühe
- 2 Lorbeerblätter
- Salz und Pfeffer
- 2 EL frisch gehackter Koriander, zum Garnieren

Nährwertangaben

Traditionell gegen Blähungen eingesetzt, kann Kreuzkümmel die Verdauung fördern und die Darmtätigkeit verbessern.

Pro Portion

- *Kilokalorien* 277
- *Eiweiß* 13 g
- *Kohlenhydrate* 40 g
- *Zucker* 7 g
- *Fett* 8,5 g
- *davon gesättigt* 0,25 g

1 Das Öl in einer großen schweren Pfanne auf mittlerer Hitze erwärmen. Die Zwiebel darin 7 Minuten unter gelegentlichem Rühren andünsten. Sellerie, Kartoffel und Karotten zufügen und alles weitere 5 Minuten unter gelegentlichem Rühren braten. Paprikapulver, Kreuzkümmel, Koriander und nach Belieben Chilipulver unterrühren und eine weitere Minute mitbraten.

2 Die Linsen, die Brühe und die Lorbeerblätter unterrühren. Alles zum Kochen bringen, dann die Hitze reduzieren und die Suppe halb abgedeckt bei geringer Hitze unter gelegentlichem Rühren – damit die Linsen sich nicht am Topfboden festsetzen – 25 Minuten köcheln lassen, bis die Linsen gar sind.

3 Die Lorbeerblätter entfernen. Das Gemüse in der Küchenmaschine oder mit dem Pürierstab glatt pürieren. Wieder in den Topf geben und erhitzen. Mit Salz und Pfeffer abschmecken, nach Belieben mehr Chilipulver zugeben. Die fertige Suppe auf 4 angewärmte Suppenschalen verteilen und vor dem Servieren mit frischem Koriander bestreuen.

Für 4 Personen

Zwiebelsuppe mit Polenta-Croûtons

Zutaten

- 800 g rote Zwiebeln, geviertelt
- 1 EL natives Olivenöl extra
- 15 g milchfreie Margarine, in Flöckchen
- Salz und Pfeffer
- 250 ml trockener Weißwein
- 1,2 l Gemüsebrühe
- 1 frischer Rosmarinzweig, plus etwas mehr zum Garnieren
- 1 TL frisch gehackter Thymian
- 1 TL Dijon-Senf

Für die Croûtons

- 300 ml Wasser
- 60 g feine Instant-Polenta
- 1/2 TL Salz
- 1 EL frisch gehackter Rosmarin
- natives Olivenöl extra, zum Bepinseln

1 Den Backofen auf 200 °C vorheizen. Zwiebeln und Öl in einen Bräter geben und gut vermengen. Mit Margarineflöckchen belegen, mit Salz und Pfeffer würzen und im Backofen 45 Minuten unter gelegentlichem Wenden rösten, bis sie sehr weich und an den Kanten leicht schwarz sind. Aus dem Ofen nehmen und leicht abkühlen lassen.

2 Die äußerste Haut jeder Zwiebel entfernen, falls sie zu fest ist, den Rest in dicke Ringe schneiden. Die Zwiebeln mit dem Wein in eine große schwere Pfanne geben und zum Kochen bringen. So lange kochen, bis der Wein verdunstet und kein Alkoholgeruch mehr wahrzunehmen ist.

3 Brühe und Kräuter einrühren und die Suppe bei mittlerer Hitze 30–35 Minuten einkochen lassen. Den Senf zufügen und mit Salz und Pfeffer abschmecken.

4 Unterdessen für die Polenta-Croûtons das Wasser in einem Topf zum Sieden bringen. Die Polenta in einem steten Strahl eingießen und 5 Minuten unter ständigem Rühren mit einem Holzlöffel kochen, bis die Masse dick wird und sich von der Topfwand löst. Salz und Rosmarin unterrühren.

5 Ein Schneidebrett mit Frischhaltefolie bedecken und die Polenta darauf mit einem Palettmesser zu einer 1 cm dicken Schicht verstreichen. Abkühlen und fest werden lassen, dann in mundgerechte Quadrate schneiden, mit Öl bepinseln und auf einem Backblech verteilen. Im vorgeheizten Backofen unter gelegentlichem Wenden 10–15 Minuten knusprig und goldbraun rösten.

6 Den Rosmarin aus der Suppe entfernen. Die Hälfte der Suppe in der Küchenmaschine oder mit dem Pürierstab glatt pürieren. Zurück in den Topf füllen und gut verrühren. Zum Servieren auf 4 angewärmte Suppenteller verteilen und mit Polenta-Croûtons und einigen Rosmarinnadeln krönen.

Nährwertangaben

Zwiebeln enthalten Schwefel, der ein wichtiger Bestandteil des Körpergewebes ist. Er hilft dem Darm und kann auch vor Krebs schützen.

Pro Portion

- *Kilokalorien* 218
- *Eiweiß* 3,2 g
- *Kohlenhydrate* 22,5 g
- *Zucker* 8,7 g
- *Fett* 8,7 g
- *davon gesättigt* 0,6 g

Für 4–6 Personen

Bunter Kartoffelsalat

Zutaten

500 g neue Kartoffeln
Salz und Pfeffer
16 Kirsch-Strauchtomaten, halbiert
70 g schwarze Oliven, entsteint und grob gehackt
4 Frühlingszwiebeln, in dünnen Ringen
2 EL frisch gehackte Minze
2 EL frisch gehackte Petersilie
2 EL frisch gehackter Koriander
Saft von 1 Zitrone
3 EL natives Olivenöl extra

1 Die Kartoffeln in einem Topf mit leicht gesalzenem Wasser 15 Minuten garen. Abtropfen und leicht abkühlen lassen, dann pellen und halbieren oder vierteln, je nach Größe der Kartoffeln. Mit Tomaten, Oliven, Frühlingszwiebeln und Kräutern in einer Salatschüssel vermengen.

2 Zitronensaft und Öl in einer kleinen Schüssel mischen und über den Salat gießen. Diesen vor dem Servieren mit Salz und Pfeffer würzen.

Nährwertangaben

Petersilie kann die Nebennieren bei der Linderung von Lebensmittelunverträglichkeiten unterstützen, indem sie die Verwertung der Nährstoffe und ihre Ausscheidung verzögert.

Pro Portion

- *Kilokalorien* 202
- *Eiweiß* 2,5 g
- *Kohlenhydrate* 25,5 g
- *Zucker* 2,8 g
- *Fett* 11,2 g
- *davon gesättigt* 0,06 g

Für 4 Personen

Taboulé

Zutaten

175 g Quinoa
600 ml Wasser
10 Kirsch-Strauchtomaten, entkernt und gehackt
7,5-cm-Stück Salatgurke, in Würfeln
3 Frühlingszwiebeln, fein gehackt
Saft von 1/2 Zitrone
2 EL natives Olivenöl extra
4 EL frisch gehackte Minze
4 EL frisch gehackter Koriander
4 EL frisch gehackte Petersilie
Salz und Pfeffer

Nährwertangaben

Die sehr nährstoffreiche Getreidesorte Quinoa ersetzt hier Bulgur oder Couscous. Am aromatischsten schmeckt das Taboulé bei Zimmertemperatur serviert.

Pro Portion

• *Kilokalorien*	*283*
• *Eiweiß*	*8,3 g*
• *Kohlenhydrate*	*43 g*
• *Zucker*	*6,8 g*
• *Fett*	*10,4 g*
• *davon gesättigt*	*0,38 g*

1 Quinoa in einem mittelgroßen Topf mit Wasser übergießen. Zum Kochen bringen, dann die Hitze reduzieren, den Topf abdecken und das Getreide bei geringer Hitze 15 Minuten köcheln lassen. Falls nötig, Wasser abgießen.

2 Quinoa leicht abkühlen lassen, dann mit den restlichen Zutaten in einer Salatschüssel vermengen. Vor dem Servieren mit Salz und Pfeffer würzen.

Fisch, Fleisch & Geflügel

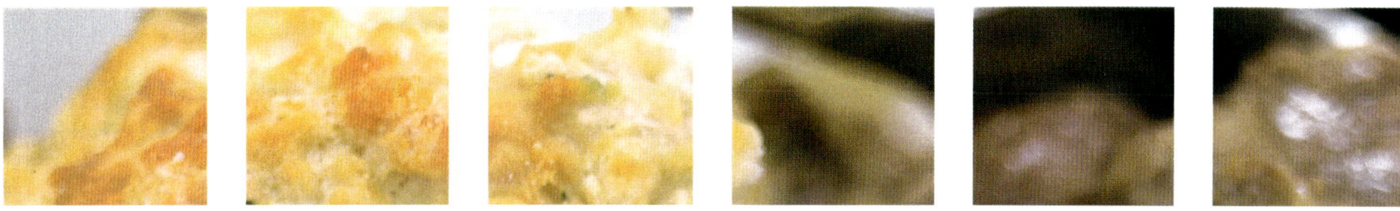

Dieses Kapitel unternimmt eine Reise durch die Küchen der Welt, um Ihnen so delikate Gerichte wie malaysische Kokosnudeln mit Garnelen, ein cremiges Hähnchencurry mit Zitronenreis und einen herzhaften winterlichen Rindereintopf mit Kräuterklößen vorzustellen. Alle Rezepte sind natürlich gluten-, weizen- und milchfrei.

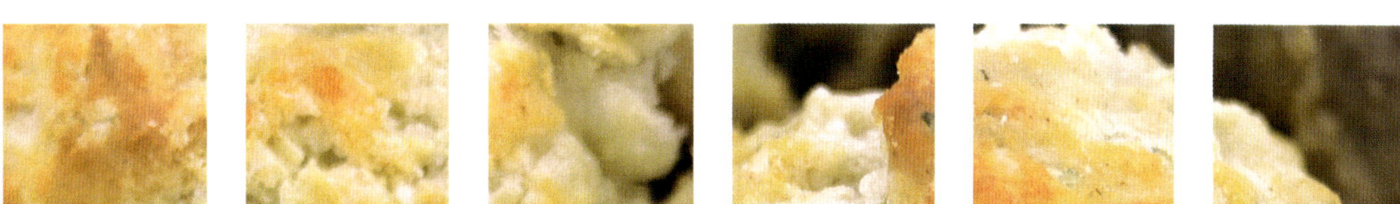

Für 4–6 Personen

Schellfisch-Garnelen-Quiche

Zutaten

- 400 g Schellfisch- oder Dorschfilet, geputzt und trockengetupft
- 300 ml pflanzliche Milch
- 150 g Garnelen, gekocht und ausgelöst
- 200 g veganer Doppelrahmfrischkäse
- 3 Eier, verquirlt
- 3 EL Schnittlauchröllchen
- Pfeffer

Für den Teig

- 200 g glutenfreies Mehl
- 1 Prise Salz
- 100 g milchfreie Margarine, in Stücken, plus etwas mehr zum Einfetten
- 1 Eigelb
- 3 EL eiskaltes Wasser

1 Den Backofen auf 200 °C vorheizen. Eine Quicheform (26 cm Ø) einfetten.

2 Für den Teig Mehl und Salz in eine Rührschüssel sieben. Die Margarine darin mit den Fingerspritzen verreiben, bis eine feinkrümelige Masse entsteht. Zunächst das Eigelb, dann das Wasser unterrühren und alles zu einer Kugel formen. Diese auf einer leicht bemehlten Arbeitsplatte weich kneten. In Frischhaltefolie einschlagen und im Kühlschrank 30 Minuten ruhen lassen.

3 Unterdessen Fisch und Milch in einen flachen Topf geben. Vorsichtig erhitzen und 10 Minuten köcheln lassen, bis der Fisch weiß und gar ist. Dann mit einem Schöpflöffel herausnehmen, leicht abkühlen lassen sowie Haut und Gräten entfernen. Den Fisch grob zerteilen und beiseite stellen. 125 ml der Kochflüssigkeit zurückbehalten.

4 Den Teig ausrollen und die eingefettete Quicheform damit auslegen. Den Teig mit Backpapier bedecken, mit Backbohnen belegen und im Ofen 8 Minuten blindbacken. Backpapier und Bohnen entfernen und weitere 5 Minuten backen.

5 Fisch und Garnelen auf dem Quicheboden verteilen. Frischkäse, Kochflüssigkeit, Eier, Schnittlauch und Pfeffer in einer Schüssel vermengen und über den Fisch geben. 30 Minuten goldbraun backen.

Nährwertangaben

Schellfisch und Kabeljau enthalten viel Vitamin A, das das Wachstum der Darmzellen unterstützt, die Unverträglichkeiten entegenwirken.

Pro Portion

- *Kilokalorien* 592
- *Eiweiß* 34 g
- *Kohlenhydrate* 34 g
- *Zucker* 1 g
- *Fett* 35,5 g
- *davon gesättigt* 8,7 g

Für 4 Personen

Zitronendorsch mit Kräutersauce

Zutaten

4 dicke Dorschfilets

natives Olivenöl extra, zum Bepinseln

8 dünne Zitronenscheiben

Salz und Pfeffer

Für die Kräutersauce

4 EL natives Olivenöl extra

1 Knoblauchzehe, zerdrückt

4 EL frisch gehackte Petersilie

2 EL frisch gehackte Minze

Saft von 1/2 Zitrone

Salz und Pfeffer

Nährwertangaben

Olivenöl ist zum Kochen gut geeignet, weil es beim Braten nicht so rasch verbrennt. Außerdem senkt es nachweislich den Cholesterinspiegel.

Pro Portion

• *Kilokalorien*	*232*
• *Eiweiß*	*21 g*
• *Kohlenhydrate*	*2 g*
• *Zucker*	*0,2 g*
• *Fett*	*16 g*
• *davon gesättigt*	*0,1 g*

1 Den Backofen auf 200 °C vorheizen. Die Dorschfilets waschen und mit Küchenpapier trockentupfen, dann mit Öl bepinseln. Jedes Filet auf einem genügend großen Stück Backpapier platzieren, um den Fisch darin wie ein Paket einzupacken. Je 2 Zitronenscheiben auf jedes Fischfilet legen und mit Salz und Pfeffer würzen. Zu Paketen falten und im vorgeheizten Ofen 20 Minuten garen, bis sie ganz weiß sind.

2 Unterdessen für die Kräutersauce alle Zutaten in der Küchenmaschine fein hacken, dann mit Salz und Pfeffer würzen.

3 Die Pakete vorsichtig öffnen und den Fisch auf Servierteller verteilen. Vor dem Servieren je einen Löffel Kräutersauce über den Fisch gießen.

Für 4 Personen

Malaysische Kokosnudeln mit Garnelen

Zutaten

- 2 EL Öl
- 1 kleine rote Paprika, entkernt und in Würfeln
- 200 g Pak Choi, die Stiele in dünnen Ringen, die Blätter gehackt
- 2 große Knoblauchzehen, gehackt
- 1 TL Kurkuma
- 2 TL Garam masala
- 1 TL Chilipulver (nach Belieben)
- 125 ml heiße Gemüsebrühe
- 2 gehäufte EL Erdnussbutter
- 350 ml Kokosmilch
- 1 EL Tamari (weizenfreie Sojasauce)
- 250 g breite Reisnudeln
- 280 g Riesengarnelen, gekocht und ausgelöst

Zum Garnieren

- 2 Frühlingszwiebeln, in feinen Streifen
- 1 EL Sesamsaat

Nährwertangaben

Ebenso wie Muttermilch enthält auch Kokosmilch Laurinsäure, die vor Viren und bakteriellen Infektionen schützt.

Pro Portion

- *Kilokalorien* *428*
- *Eiweiß* *20 g*
- *Kohlenhydrate* *31 g*
- *Zucker* *10 g*
- *Fett* *26 g*
- *davon gesättigt* *7 g*

1 Das Öl im Wok oder in einer großen schweren Pfanne stark erhitzen. Paprika, Pak-Choi-Stiele und Knoblauch darin 3 Minuten pfannenrühren. Kurkuma, Garam masala, Chilipulver (nach Belieben) und Pak-Choi-Blätter zufügen und 1 weitere Minute pfannenrühren.

2 Heiße Brühe und Erdnussbutter in einer hitzebeständigen Schüssel verrühren, bis die Butter sich aufgelöst hat. Dann mit Kokosmilch und Tamari in den Wok geben. Alles 5 Minuten bei mittlerer Hitze braten, bis die Flüssigkeit andickt.

3 Unterdessen die Nudeln in einer Schale mit kochend heißem Wasser einweichen. Nach 4 Minuten abgießen, unter fließend kaltem Wasser abschrecken und mit den Garnelen in den Wok geben. 2–3 Minuten unter häufigem Rühren erhitzen.

4 Die Nudeln mit Frühlingszwiebeln und Sesam bestreut servieren.

Nährwertangaben

Das in Rindfleisch enthaltene Eisen kann vom Körper viel schneller verwertet werden als Eisen pflanzlichen Ursprungs.

Pro Portion

- Kilokalorien 819
- Eiweiß 38 g
- Kohlenhydrate 35,5 g
- Zucker 3,3 g
- Fett 58 g
- davon gesättigt 20,4 g

Für 4 Personen

Winterlicher Rindereintopf mit Kräuterklößen

Zutaten

- 2 EL glutenfreies Mehl
- Salz und Pfeffer
- 800 g mageres Rindfleisch, in Würfeln
- 3 EL natives Olivenöl extra
- 12 Schalotten, geschält und halbiert, große Exemplare geviertelt
- 2 Karotten, in Stiften
- 1 Petersilienwurzel, in dicken Scheiben
- 2 Lorbeerblätter
- 1 EL frisch gehackter Rosmarin
- 475 ml Cidre
- 250 ml Rinderbrühe
- 1 EL Tamari (weizenfreie Sojasauce)
- 200 g Maronen aus der Dose, abgetropft

Für die Kräuterklöße

- 115 g glutenfreies Mehl, plus etwas mehr zum Bestäuben
- 1 TL glutenfreies Backpulver
- 50 g glutenfreies vegetarisches Schmalz
- 2 EL frisch gehackter Thymian
- Salz und Pfeffer

1 Den Backofen auf 160 °C vorheizen. Das Mehl mit Salz und Pfeffer in einen Frischhaltebeutel oder auf einen Teller geben. Das Fleisch darin wenden, bis es ganz damit überzogen ist.

2 1 Esslöffel Öl in einem großen ofenfesten Schmortopf bei mittlerer Hitze erwärmen. Ein Drittel des Fleischs hineingeben und 5–6 Minuten unter gelegentlichem Wenden scharf anbraten. Das Fleisch klebt dabei an, bis sich die Poren ganz geschlossen haben. Mit einem Schöpflöffel aus dem Topf nehmen. Die restlichen 2 Partien auf dieselbe Weise braten, bei Bedarf mehr Öl zufügen, dann das Fleisch beiseite stellen.

3 Schalotten, Karotten, Petersilienwurzel, Lorbeerblätter und Rosmarin mit dem restlichen Öl in den Topf geben und 3 Minuten unter gelegentlichem Rühren andünsten. Den Cidre zufügen und alles zum Kochen bringen. Bei starker Hitze kochen, bis der Alkohol verdampft und die Flüssigkeit reduziert ist. Brühe und Tamari zufügen und alles weitere 3 Minuten kochen.

4 Die Maronen und das Fleisch unterrühren, abdecken und im Backofen 95 Minuten schmoren.

5 Unterdessen für die Klöße alle Zutaten in einer Schüssel mischen und mit Salz und Pfeffer würzen. Genug Wasser einarbeiten, damit ein weicher Teig entsteht. Den Teig in walnussgroße Stücke teilen und diese mit bemehlten Händen zu kleinen Klößen formen.

6 Die Klöße in den Schmortopf geben, diesen abdecken und alles weitere 25 Minuten schmoren, bis die Klöße gar sind, die Brühe eingekocht und das Fleisch zart ist. Vor dem Servieren mit Salz und Pfeffer abschmecken.

Für 4 Personen

Spaghetti mit Fleischbällchen-Sauce

Zutaten

300 g glutenfreie Spaghetti

Salz

Für die Fleischbällchen

40 g frische, glutenfreie Semmelbrösel

450 g mageres Rinderhack

1 Zwiebel, gerieben

1 große Knoblauchzehe, zerdrückt

1 Ei, verquirlt

Salz und Pfeffer

Für die Tomatensauce

1 EL natives Olivenöl extra

2 Knoblauchzehen, gehackt

2 TL Oregano

300 ml trockener Weißwein

600 g passierte Tomaten

1 Lorbeerblatt

2 TL Tomatenmark

1/2 TL Zucker

1 Für die Fleischbällchen Semmelbrösel, Hackfleisch, Zwiebel, Knoblauch und Ei in einer Schüssel gut vermengen. Mit Salz und Pfeffer würzen, abdecken und im Kühlschrank 30 Minuten ruhen lassen.

2 Unterdessen für die Tomatensauce das Öl in einer großen schweren Pfanne bei mittlerer Hitze erwärmen. Den Knoblauch darin unter Rühren 1 Minute andünsten. Oregano zufügen und 1 weitere Minute unter Rühren mitbraten. Den Wein zugießen und auf hoher Stufe fast ganz verdampfen lassen.

3 Passierte Tomaten, Lorbeerblatt, Tomatenmark und Zucker zugeben und gut verrühren. Die Pfanne halb abdecken und alles 5 Minuten bei mittlerer Hitze köcheln lassen.

4 Die Hackfleischmischung zu walnussgroßen Bällchen formen. In die Sauce geben, halb abdecken und 15–20 Minuten einkochen lassen, bis die Fleischbällchen gar sind.

5 Unterdessen die Spaghetti in einem großen Topf mit leicht gesalzenem kochendem Wasser nach Packungsanleitung *al dente* kochen. Abgießen, dabei 3 Esslöffel der Kochflüssigkeit auffangen. Diese vor dem Servieren unter die Sauce rühren.

Nährwertangaben

Tomaten enthalten das Antioxidans Lycopen, das das Immunsystem und die Darmtätigkeit unterstützt.

Pro Portion

- *Kilokalorien* 732
- *Eiweiß* 36 g
- *Kohlenhydrate* 87 g
- *Zucker* 10 g
- *Fett* 21 g
- *davon gesättigt* 5,3 g

Für 4 Personen

Gegrillte Lammspieße mit Hummus

Zutaten

- 250 g frisches Lammhack
- 1 Zwiebel, fein gehackt
- 1 EL frisch gehackter Koriander
- 1 EL frisch gehackte Petersilie
- 1/2 TL gemahlener Koriander
- 1/4 TL Chilipulver
- Salz und Pfeffer
- Öl, zum Einfetten

Für den Hummus

- 1 EL natives Olivenöl extra
- 2 Knoblauchzehen, gehackt
- 400 g Kichererbsen aus der Dose, gewaschen und abgetropft
- 50 ml pflanzliche Milch
- Salz und Pfeffer
- 2 EL frisch gehackter Koriander

Nährwertangaben

Wie alle Hülsenfrüchte enthalten auch Erbsen viele lösliche Ballaststoffe, die den Darm reinigen und bei der Entgiftung helfen.

Pro Portion

- *Kilokalorien* 349
- *Eiweiß* 21 g
- *Kohlenhydrate* 19 g
- *Zucker* 1,7 g
- *Fett* 21 g
- *davon gesättigt* 5,1 g

1 Hackfleisch, Zwiebel, Kräuter, Salz und Pfeffer in der Küchenmaschine vermengen.

2 Die Mischung in 8 Portionen teilen. Diese mit angefeuchteten Händen zu 8 Würstchen formen und diese dann auf 8 zuvor in Wasser eingeweichte Holzspieße schieben. Abdecken und 30 Minuten im Kühlschrank ruhen lassen.

3 Eine Grillpfanne bei mittlerer Hitze erwärmen und mit etwas Öl bepinseln. Die Spieße in 2 Partien unter gelegentlichem Wenden 10 Minuten grillen, bis sie rundherum braun und gar sind.

4 Für den Hummus das Öl in einem Topf erhitzen und den Knoblauch darin 2 Minuten andünsten. Kichererbsen und Milch zugeben und ein paar Minuten erwärmen, dann in der Küchenmaschine oder mit dem Pürierstab glatt pürieren. Mit Salz und Pfeffer abschmecken, dann den Koriander unterrühren. Mit den Spießen servieren.

Für 4 Personen

Hähnchencurry mit Zitronenreis

Zutaten
2 EL Öl
4 Hähnchenbrustfilets, ca. 800 g, in 2,5 cm großen Stücken
1 1/2 TL Kreuzkümmelsamen
1 große Zwiebel, gerieben
2 grüne Chillies, entkernt und fein gehackt
2 große Knoblauchzehen, gerieben
1 EL frisch geriebene Ingwerwurzel
1 TL Kurkuma
1 TL gemahlener Koriander
1 TL Garam masala
300 ml Kokosmilch
250 g gehackte Tomaten aus der Dose
2 TL Zitronensaft
Salz
2 EL frisch gehackter Koriander, zum Garnieren

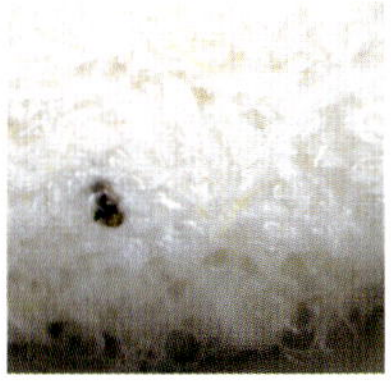

Für den Zitronenreis
350 g Basmatireis, gewaschen
1,2 l Wasser
Saft und abgeriebene Schale von 1 Zitrone
3 Gewürznelken

1 Das Öl in einem großen schweren Topf bei mittlerer Hitze erwärmen. Das Hühnerfleisch darin 5–8 Minuten unter häufigem Rühren braten, bis es leicht angebräunt und gar ist. Aus dem Topf nehmen und beiseite stellen. Die Kreuzkümmelsamen im Topf braten, bis sie dunkel werden. Die Zwiebel unterrühren, den Topf halb abdecken und alles bei mittlerer Hitze unter häufigem Rühren 10 Minuten weich und goldgelb dünsten. Chillies, Knoblauch, Ingwer, Kurkuma, gemahlenen Koriander und Garam masala zufügen und 1 Minute mitbraten.

2 Das Hühnerfleisch wieder in den Topf geben sowie Kokosmilch und Tomaten einrühren. Halb abdecken und bei mittlerer Hitze 15 Minuten einkochen lassen. Den Zitronensaft zufügen und mit Salz abschmecken.

3 Unterdessen den Reis in einen Topf füllen und mit Wasser bedecken. Zitronensaft und Nelken zufügen. Zum Kochen bringen, dann die Hitze reduzieren, abdecken und bei geringer Hitze 15 Minuten garen, bis die Flüssigkeit vollständig aufgesogen ist. Anschließend den Topf vom Herd nehmen und die Zitronenschale einführen. Dann den Reis abgedeckt 5 Minuten ruhen lassen.

4 Das Curry mit dem Zitronenreis und mit frischem Koriander bestreut servieren.

Nährwertangaben

Ingwer wirkt entzündungshemmend und wird seit Jahrhunderten gegen Magenverstimmungen, Übelkeit, Sodbrennen, Unterleibskrämpfe und Reisekrankheit eingesetzt.

Pro Portion

- *Kilokalorien* 545
- *Eiweiß* 46 g
- *Kohlenhydrate* 29 g
- *Zucker* 5,9 g
- *Fett* 27 g
- *davon gesättigt* 6,8 g

Für 4 Personen

Geröstetes Huhn mit Pesto rosso

Zutaten
4 Hähnchenbrustfilets, ca. 800 g
1 EL natives Olivenöl extra
2 EL Pinienkerne

Für das Pesto rosso
125 g getrocknete Tomaten in Öl
2 Knoblauchzehen, zerdrückt
4 EL Pinienkerne, leicht geröstet
150 ml natives Olivenöl extra

1 Den Backofen auf 200 °C vorheizen. Für das *Pesto rosso* Tomaten, Knoblauch, Pinienkerne und Öl in der Küchenmaschine zu einer groben Paste pürieren.

2 Das Hühnerfleisch in eine große Auflaufform oder einen Bräter legen. Jedes Filet mit dem Öl einpinseln, dann 1 Teelöffel Pesto darauf geben und mit dem Löffelrücken gut darauf verteilen. Das restliche Pesto kann man in einem luftdichten Behälter bis zu einer Woche im Kühlschrank aufbewahren.

3 Das Hühnerfleisch im Ofen 30 Minuten garen, bis an der dicksten Stelle des Fleisches beim Hineinstechen klarer Saft austritt.

4 Mit den Pinienkernen bestreut servieren.

Nährwertangaben

Pinienkerne sind reich an Proteinen und enthalten Vitamin E. Beides unterstützt den Aufbau neuer Darmzellen.

Pro Portion

- *Kilokalorien* 558
- *Eiweiß* 21 g
- *Kohlenhydrate* 9,5 g
- *Zucker* 0,5 g
- *Fett* 51 g
- *davon gesättigt* 2,1 g

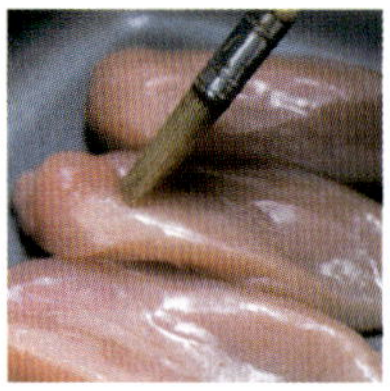

Vegetarisches

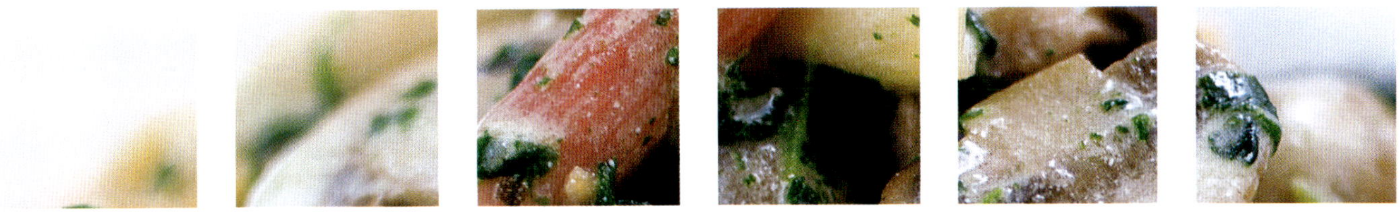

Wenn Sie weniger Fleisch, Fisch und Geflügel verzehren möchten oder sich ohnehin schon vegetarisch ernähren, dann sind die appetitlichen und reichhaltigen Gerichte auf den folgenden Seiten genau das Richtige für Sie. Die Rezepte sind inspiriert von den Küchen der Welt und die Zutaten überall erhältlich. Lassen Sie sich verführen von der nordafrikanischen Auberginen-Tagine mit Polenta, thailändischen Tofubratlingen mit Chilidip oder einer köstlichen spanischen Tortilla.

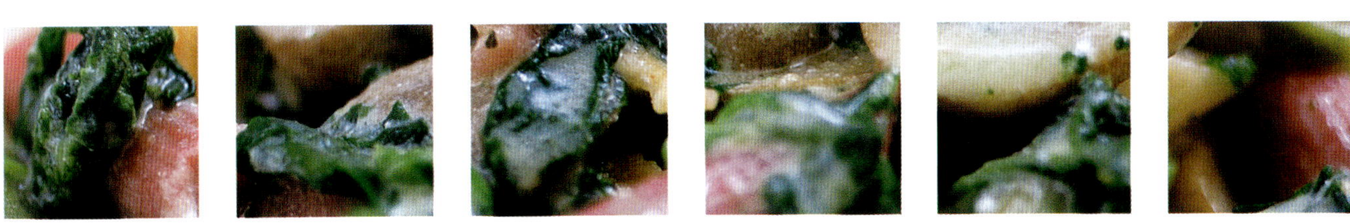

Für 4 Personen

Rösti mit buntem Gemüse

1 Für das geröstete Gemüse Öl, Essig und Honig in einer großen, flachen Schüssel mischen. Paprika, Zucchini, Zwiebeln, Fenchel, Tomaten, Knoblauch und Rosmarin zufügen und gut vermengen. Mindestens 1 Stunde marinieren.

2 Den Backofen auf 200 °C vorheizen. Die Kartoffeln in einem Topf mit leicht gesalzenem kochendem Wasser 8–10 Minuten kochen, bis sie fast gar sind. Große Kartoffeln vor dem Kochen halbieren. Abkühlen lassen, dann grob raspeln.

3 Das Gemüse (außer Tomaten und Knoblauch) mit der Marinade in einen Bräter geben. Im Backofen 25 Minuten rösten, dann Tomaten und Knoblauch zufügen und weitere 15 Minuten rösten, bis das Gemüse weich und an den Rändern gut gebräunt ist.

4 Unterdessen die Rösti zubereiten. Dazu jeweils ein Viertel der Kartoffeln mit den Händen zu einer Frikadelle formen. So viel Öl bei mittlerer Hitze erwärmen, dass es den Boden der Pfanne bedeckt. Je 2 Rösti in die Pfanne geben und mit einem Palettmesser andrücken, bis sie ca. 2 cm dick sind.

5 Die Rösti 6 Minuten von jeder Seite goldbraun und knusprig braten. Die Dressingzutaten mischen. Zum Servieren jedes Rösti mit dem Gemüse belegen und mit etwas Pesto-Dressing beträufeln. Mit Salz und Pfeffer würzen.

Zutaten

- 900 g Kartoffeln, geschält
- Sonnenblumenöl, zum Braten
- Salz und Pfeffer

Für das vegane Pesto-Dressing

- 2 EL veganes Pesto
- 1 EL kochendes Wasser
- 1 EL natives Olivenöl extra

Für das geröstete Gemüse

- 2 EL natives Olivenöl extra
- 1 EL Balsamico-Essig
- 1 TL klarer Honig
- 1 rote Paprika, entkernt und geviertelt
- 2 Zucchini, längs in Scheiben
- 2 rote Zwiebeln, geviertelt
- 1 kleine Fenchelknolle, in dünnen Spalten
- 16 Strauchtomaten
- 8 Knoblauchzehen
- 2 Rosmarinzweige

Nährwertangaben

Rosmarin enthält fettlösliche Antioxidanzien. Sie reduzieren die beim Erhitzen von Fett entstehenden freien Radikale.

Pro Portion

- *Kilokalorien* 447
- *Eiweiß* 9 g
- *Kohlenhydrate* 74 g
- *Zucker* 19 g
- *Fett* 15,5 g
- *davon gesättigt* 1 g

Für 4 Personen

Gemüsecurry mit Kichererbsenküchlein

Zutaten

- 200 g Karotten, in Stücken
- 300 g Kartoffeln, geschält und geviertelt
- 2 EL Öl
- 1½ TL Kreuzkümmelsamen
- Samen von 5 grünen Kardamomkapseln
- 1½ TL Senfkörner
- 2 Zwiebeln, gerieben
- 1 TL Kurkuma
- 1 TL gemahlener Koriander
- 1 Lorbeerblatt
- 1½ TL Chilipulver
- 1 EL frisch geriebene Ingwerwurzel
- 2 große Knoblauchzehen, zerdrückt
- 250 g passierte Tomaten
- 250 ml Gemüsebrühe
- 115 g tiefgekühlte Erbsen
- 115 g tiefgekühlter Blattspinat
- Salz

Für die Kichererbsenküchlein

- 225 g Kichererbsenmehl
- 1 TL Salz
- ½ TL Speisenatron
- 400 ml Wasser
- Öl, zum Braten

1 Für die Küchlein Mehl, Salz und Natron in eine große Rührschüssel sieben. In die Mitte eine Mulde drücken und Wasser hineingeben. Mit einem Schneebesen das Mehl vorsichtig mit dem Wasser verrühren, bis ein weicher Teig entsteht. 15 Minuten ruhen lassen.

2 So viel Öl bei mittlerer Hitze erwärmen, dass es den Boden der Pfanne bedeckt. Entweder kleine Teigmengen mit etwas Abstand in die Pfanne geben oder für einen großen Pfannkuchen den Boden der Pfanne ganz mit Teig bedecken. 3 Minuten braten, mit einem Palettmesser wenden und auch die andere Seite goldgelb braten. Warm halten, bis alle 8 Küchlein fertig sind.

3 Unterdessen für das Curry die Karotten und Kartoffeln in einem Topf mit Dämpfeinsatz bissfest dämpfen.

4 Das Öl in einem großen schweren Topf bei mittlerer Hitze erwärmen und Kreuzkümmelsamen, Kardamomsamen und Senfkörner darin rösten. Wenn sie dunkel werden und zu zischen beginnen, die Zwiebeln zugeben und halb abgedeckt bei mittlerer Hitze unter häufigem Rühren 10 Minuten weich und goldgelb dünsten.

5 Die restlichen Gewürze sowie Ingwer und Knoblauch zufügen und alles unter Rühren 1 Minute braten. Die passierten Tomaten, Brühe, Kartoffeln und Karotten zugeben und halb abgedeckt 10–15 Minuten mitgaren. Erbsen und Spinat zufügen und alles weitere 2–3 Minuten garen. Mit Salz abschmecken und mit den warmen Kichererbsenküchlein servieren.

Nährwertangaben

Erbsen sind reich an Proteinen und löslichen Ballaststoffen, die den Darm reinigen und gesund halten.

Pro Portion

• *Kilokalorien*	467
• *Eiweiß*	19 g
• *Kohlenhydrate*	72 g
• *Zucker*	5,9 g
• *Fett*	14 g
• *davon gesättigt*	1,4 g

Nährwertangaben

Auberginen enthalten viel Folsäure, Kalium und lösliche Ballaststoffe, die alle bei der Entschlackung und dem Aufbau von Körpergewebe helfen.

Pro Portion

• *Kilokalorien*	*488*
• *Eiweiß*	*14 g*
• *Kohlenhydrate*	*80 g*
• *Zucker*	*16,8 g*
• *Fett*	*14 g*
• *davon gesättigt*	*0,24 g*

Für 4 Personen

Auberginen-Tagine mit Polenta

1 Den Backofengrill auf mittlerer Hitze vorheizen. Die Auberginenwürfel in 1 Esslöffel Öl wenden und auf dem Grillrost verteilen, dann unter dem Grill 20 Minuten unter gelegentlichem Wenden rösten, bis sie weich und an den Rändern schwarz sind. Bei Bedarf mit Öl bestreichen, wenn die Aubergine zu trocken wird.

2 Das restliche Öl in einem großen schweren Topf bei mittlerer Hitze erwärmen. Die Zwiebel zugeben und unter gelegentlichem Rühren 8 Minuten weich und goldgelb dünsten. Karotte, Knoblauch und Pilze zufügen und 5 Minuten mitbraten. Die Gewürze hineingeben und alles unter Rühren 1 weitere Minuten dünsten.

3 Tomaten und Brühe zugeben, gut verrühren, dann das Tomatenmark einrühren. Zum Kochen bringen, die Hitze reduzieren und alles 10 Minuten einkochen lassen.

4 Auberginenwürfel, Aprikosen und Kichererbsen zufügen und halb abgedeckt 10 Minuten unter gelegentlichem Rühren köcheln lassen.

5 Unterdessen für die Polenta die heiße Brühe in einem beschichteten Topf zum Kochen bringen. Die Polenta in stetem Strahl unter Rühren mit einem Holzlöffel eingießen, dann bei geringer Hitze in 1–2 Minuten zu einer dicken, püreeähnlichen Masse kochen. Das Gemüse mit der Polenta und mit frischem Koriander bestreut servieren.

Zutaten

- 1 Aubergine, in 1 cm dicken Würfeln
- 3 EL natives Olivenöl extra
- 1 große Zwiebel, in dünnen Ringen
- 1 Karotte, in Würfeln
- 2 Knoblauchzehen, gehackt
- 115 g braune Champignons, in Scheiben
- 2 TL gemahlener Koriander
- 2 TL Kreuzkümmelsamen
- 1 TL Chilipulver
- 1 TL Kurkuma
- 600 g gehackte Tomaten aus der Dose
- 300 ml Gemüsebrühe
- 1 EL Tomatenmark
- 75 g getrocknete Aprikosen, grob gehackt
- 400 g Kichererbsen aus der Dose, gewaschen und abgetropft
- 2 EL frischer Koriander, zum Garnieren

Für die Polenta

- 1,2 l heiße Gemüsebrühe
- 200 g Instant-Polenta

Ergibt 8 Stück

Thailändische Bratlinge mit Chilidip

Zutaten

300 g fester Tofu (Abtropfgewicht), grob geraspelt

1 Zitronengrasstängel, die Außenhäute entfernt und fein gehackt

2 Knoblauchzehen, gehackt

2,5-cm-Stück Ingwerwurzel, gerieben

2 Kaffir-Limettenblätter, fein gehackt (nach Belieben)

2 Schalotten, fein gehackt

2 rote Chillies, entkernt und fein gehackt

4 EL frisch gehackter Koriander

90 g glutenfreies Mehl, plus etwas mehr zum Bestäuben

1/2 TL Salz

Sonnenblumenöl, zum Braten

Für den Chilidip

3 EL Weißwein- oder Reisweinessig

2 Frühlingszwiebeln, in dünnen Ringen

1 EL Zucker

2 Chillies, fein gehackt

2 EL frisch gehackter Koriander

1 Prise Salz

Nährwertangaben

Tofu unterstützt mit seinen Proteinen und seinem Vitamin B die Hirnfunktion, und sein Magnesium beruhigt den Darm.

Pro Portion

- *Kilokalorien* 130
- *Eiweiß* 7,3 g
- *Kohlenhydrate* 16 g
- *Zucker* 4,3 g
- *Fett* 4,9 g
- *davon gesättigt* 0,7 g

1 Für den Chilidip alle Zutaten in einer kleiner Servierschale verrühren und beiseite stellen.

2 Den Tofu mit Zitronengras, Knoblauch, Ingwer, Limettenblättern (nach Belieben), Schalotten, Chillies und Koriander in einer Rührschüssel vermengen, dann mit Mehl und Salz zu einer groben klebrigen Masse verrühren. Abdecken und im Kühlschrank 1 Stunde ruhen lassen.

3 Aus der Mischung mit bemehlten Händen 8 walnussgroße Bälle formen und diese leicht flachdrücken. So viel Öl in einer großen schweren Pfanne bei mittlerer Hitze erwärmen, dass es den Boden der Pfanne bedeckt. Die Bratlinge in zwei Partien 4–6 Minuten goldbraun braten, dabei nach 2–3 Minuten wenden. Auf Küchenpapier abtropfen lassen und warm mit dem Chilidip servieren.

Für 4 Personen

Kürbisrisotto

1 Den Backofen auf 200 °C vorheizen. Den Kürbis in einen Bräter geben. 1 Esslöffel Öl mit dem Honig mischen und über den Kürbis träufeln. Die Stücke gut mit der Mischung überziehen, dann im Ofen 30–35 Minuten weich rösten.

2 Unterdessen Basilikum und Oregano in der Küchenmaschine mit 2 Esslöffeln Öl fein hacken. Beiseite stellen.

3 Die Margarine und das restliche Öl in einem großen schweren Topf bei mittlerer Hitze erwärmen. Die Zwiebeln zugeben und unter gelegentlichem Rühren 8 Minuten weich und goldgelb dünsten. Den Reis zufügen und 2 Minuten unter Rühren braten.

4 Den Wein zugießen und zum Kochen bringen. Die Hitze leicht reduzieren und den Wein fast völlig verdampfen lassen. Die Brühe nach und nach zugeben und den Reis bei mittlerer Hitze 20 Minuten unter ständigem Rühren garen.

5 Die Kräuter und den Kürbis unterrühren und weitere 5 Minuten köcheln lassen, bis der Reis gar und cremig, aber noch bissfest ist. Mit Salz und Pfeffer abschmecken und servieren.

Nährwertangaben

Kürbis enthält das Antioxidans Betakarotin, das gegen den schädlichen Einfluss des UV-Lichts schützt.

Pro Portion

- *Kilokalorien* 436
- *Eiweiß* 5,8 g
- *Kohlenhydrate* 59 g
- *Zucker* 9,3 g
- *Fett* 17,5 g
- *davon gesättigt* 0,6 g

Zutaten

600 g Butternut- oder Hokkaidokürbis, in mundgerechten Stücken

4 EL natives Olivenöl extra

1 TL klarer Honig

25 g frisches Basilikum

25 g frisches Oregano

1 EL milchfreie Margarine

2 Zwiebeln, fein gehackt

450 g Arborio- oder anderer Risottoreis

175 ml trockener Weißwein

1,2 l Gemüsebrühe

Salz und Pfeffer

Desserts & Gebäck

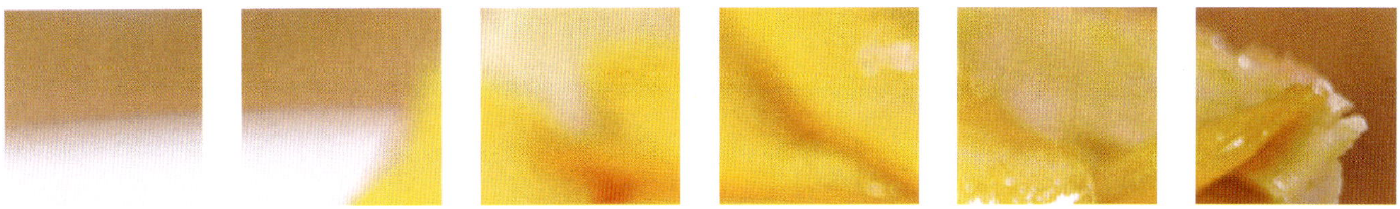

In diesem Kapitel kommen Leckermäuler auf ihre Kosten – mit Mokka-Brownies, saftigem Schokoladen-Orangen-Kuchen oder einem Mango-Käsekuchen. Ihre Freunde und die Familie werden erstaunt sein, dass diese Köstlichkeiten ganz ohne Weizen und Milchprodukte auskommen. Und wenn Sie noch nach einem krönenden Abschluss für ein geplantes Menü suchen, dann wird Sie die Birne-Ingwer-Granita sofort überzeugen.

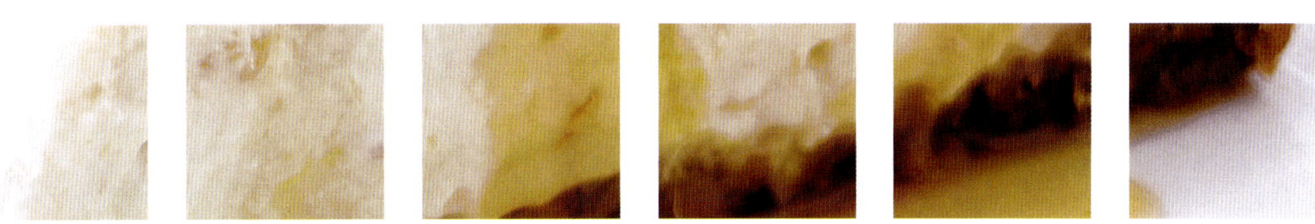

Für 4–6 Personen

Birnen-Ingwer-Granita

Zutaten

75 g Zucker

1 EL klarer Honig

250 ml Wasser

225 g nicht zu reife Birnen, geschält, entkernt und in Scheiben

2 TL fein gehackte Ingwerwurzel

3 EL Zitronensaft

1 Zucker, Honig und Wasser in einem Topf bei mittlerer Hitze unter Rühren erwärmen, bis der Zucker aufgelöst ist. Birnen und Ingwer zufügen und 5 Minuten köcheln lassen, dann den Zitronensaft zugeben.

2 Alles in der Küchenmaschine oder mit dem Pürierstab nicht zu fein pürieren. Dann die Mischung vorsichtig in einen Gefrierbehälter mit Deckel füllen.

3 2 Stunden ins Gefrierfach stellen, bis Boden und Ränder der Birnenmischung gefroren sind. Aus dem Gefrierfach nehmen und mit einer Gabel Gefrorenes und Ungefrorenes mischen. Den Deckel wieder aufsetzen und weitere 1 1/2 Stunden einfrieren.

4 Anschließend das Durchmischen wiederholen, dann die Granita 1 weitere Stunde einfrieren, bis die Mischung Eiskristalle gebildet hat. So servieren oder bis zum Verzehr wieder einfrieren – in diesem Fall 30 Minuten vor dem Servieren aus dem Gefrierfach nehmen und nochmals mit einer Gabel mischen. In Gläser gefüllt servieren.

Nährwertangaben

Birnen und Äpfel enthalten viele Pektine, die besonders bei der Entgiftung des Körpers und der Senkung des Cholesterinspiegels helfen können.

Pro Portion

- *Kilokalorien 100*
- *Eiweiß 0,2 g*
- *Kohlenhydrate 26 g*
- *Zucker 22 g*
- *Fett 0,2 g*
- *davon gesättigt 0,01 g*

Für 4 Personen

Apfel-Pflaumen-Crumble

1 Den Backofen auf 180 °C vorheizen. Äpfel, Pflaumen, Apfelsaft und Zucker in einer runden Quicheform (23 cm Ø) vermengen.

2 Für die Streusel das Mehl in eine Rührschüssel sieben und die Margarine mit den Fingerspitzen darin verreiben, bis kleine Krümel entstehen. Buchweizen- und Reisflocken, Sonnenblumenkerne, Zucker und Zimt unterrühren und die Mischung über die Früchte geben.

3 Im Ofen 30–35 Minuten backen, bis die Streusel hellbraun und knusprig sind.

Zutaten

- 4 Äpfel, geschält, entkernt und in Würfeln
- 5 Pflaumen, halbiert, entsteint und geviertelt
- 4 EL frischer Apfelsaft
- 25 g Farinzucker

Für die Streusel

- 115 g glutenfreies Mehl
- 75 g milchfreie Margarine, in Würfeln
- 25 g Buchweizenflocken
- 25 g Reisflocken
- 15 g Sonnenblumenkerne
- 50 g Farinzucker
- 1/4 TL Zimt

Nährwertangaben

Äpfel und Pflaumen geben ihren Zucker nur sehr langsam ab und erzeugen somit keinen plötzlichen unerwünschten Blutzuckeranstieg.

Pro Portion

• *Kilokalorien*	*495*
• *Eiweiß*	*18 g*
• *Kohlenhydrate*	*71 g*
• *Zucker*	*43,5 g*
• *Fett*	*19,5 g*
• *davon gesättigt*	*2,5 g*

Ergibt einen 450-g-Laib

Maisbrot mit roter Paprika

Nährwertangaben
Rote Paprika enthält den Pflanzenstoff Capsaicin, der bei Verdauungsbeschwerden lindernd wirken kann.

Pro Portion

- *Kilokalorien* 104
- *Eiweiß* 5,9 g
- *Kohlenhydrate* 12,2 g
- *Zucker* 0,9 g
- *Fett* 4 g
- *davon gesättigt* 0,3 g

Zutaten

1 große rote Paprika, entkernt und in Streifen
175 g feiner Maisschrot oder Polenta
115 g glutenfreies Mehl Typ 1050
1 EL glutenfreies Backpulver
1 TL Salz
2 TL Zucker
250 ml pflanzliche Milch
2 Eier, leicht verquirlt
3 EL natives Olivenöl extra, plus etwas mehr zum Einfetten

1 Den Backofen auf 200 °C vorheizen. Eine Brotform leicht einfetten. Die Paprikastreifen auf einem Backblech verteilen und im Backofen 35 Minuten rösten, bis sie weich werden und an den Rändern Blasen werfen. Leicht abkühlen lassen, dann die Haut entfernen.

2 Unterdessen Maisschrot, Mehl, Backpulver, Salz und Zucker in einer großen Rührschüssel mischen. Milch, Eier und Öl in einer separaten Schüssel verquirlen und nach und nach unter die Mehlmischung rühren. Kräftig mit einem Holzlöffel schlagen, bis ein dicker glatter Teig entsteht.

3 Die Paprika fein hacken und unter den Teig heben, diesen dann in die vorbereitete Brotform füllen. Im Backofen 30 Minuten goldgelb backen. Anschließend in der Form 10 Minuten abkühlen lassen, dann mit einem Messer vom Formrand lösen und den Laib auf einem Kuchengitter auskühlen lassen. In einem Frischhaltebeutel bleibt das Brot eine Weile frisch.

Register